꿈꾸는 프로그래머
에이다 러브레이스

꿈꾸는 프로그래머
에이다 러브레이스

글 문미영 **그림** 이보라
초판 1쇄 발행일 2020년 11월 20일
펴낸이 박봉서 **펴낸곳** (주)크레용하우스 **출판등록** 제5-80호
편집 임은경·이민정 **디자인** 이혜인 **마케팅** 이상수·신빛나라 **제작** 김금순
주소 서울 광진구 천호대로 709-9 **전화** (02)3436-1711 **팩스** (02)3436-1410
홈페이지 www.crayonhouse.co.kr **이메일** crayon@crayonhouse.co.kr

ⓒ 2020 문미영
이 책에 실린 글과 그림은 무단 전재 및 무단 복제할 수 없습니다.

ISBN 978-89-5547-718-4 74810

이 도서의 국립중앙도서관 출판시도서목록(CIP)은 서지정보유통지원시스템 홈페이지(http://seoji.nl.go.kr)와
국가자료공동목록시스템(http://www.nl.go.kr/kolisnet)에서 이용하실 수 있습니다.(CIP제어번호: CIP2020044977)

꿈꾸는 프로그래머
에이다 러브레이스

문미영 글 이보라 그림

크레용하우스

작가의 말

새로운 세상을 만드는 상상의 힘!

상상이란 무엇일까요? 무언가를 상상한다는 건 '우리가 실제로 경험하지 않은 현상이나 사물을 마음속으로 그려 보는 것'이에요.

선생님은 어렸을 때부터 상상하는 걸 무척 좋아했어요. '집 바닥이 아닌 천장에서 살면 어떨까?' '바닷속에 살면 어떤 일이 생길까?' '영화에서처럼 한국에도 보물섬이 있을지도 몰라. 보물섬을 찾아가 볼까?' 등 엉뚱한 상상을 했어요.

신기한 건, 어른이 된 후 돌이켜 보니 그 상상 중 몇 가지는 현실로 이뤄졌다는 거예요. '천장에서 살면 어떨까?' 했던 상상으로 '천장 나라 꿈 공장'이란 동화책이 탄생했죠. '바닷속에 살면 어떨까?' 했던 상상은 현실이 되어 가고 있지요. 많은 과학자가 바닷속에서 생활할 수 있도록 다양한 연구를 진행하고 있으니까요. 선생님은 상상과 연구 결과를 바탕으로 '바닷속 태양'이란 동화책을 썼고요.

어린 시절 상상하길 좋아했던 이유는 답답하고 힘들었던 상황을 잊고 즐거워지고 싶었기 때문이에요. 상상하는 동안은 지루한 현실을 잊을 수 있었죠. 상상력은 선생님의 삶을 바꾸는 중요한 열쇠가 되어 주었어요.

에이다 러브레이스에게 '상상한다는 것'은 살아가는 에너지였을 거예요. 에이다는 어렸을 때부터 몸이 약해 병석에 오래 누워 있었어요. 그런 에이다에게 상상은 가 보지 않은 곳, 보지 못한 것을 경험할 수 있게 해 주었지요. '고양이를 교육시켜 명석한 고양이로 만들겠다'는 상상 덕분에 친구가 없어 외로운 순간도 재미있게 보낼 수 있었고요.

똑똑한 에이다는 그 시대 사람들은 '절대로 불가능하다'고 생각한 것도 '상상'했어요. 컴퓨터조차 발명되지 않았던 시대에 '최초의 컴퓨터 프로그래머'가 될 수 있었던 건 바로 에이다가 가진 상상력 덕분이었어요.

어린이 친구들, 매일 새로운 것을 상상해 보세요.

상상한다는 건 시간이 드는 일도 어려운 일도 아니에요. 상상을 통해 미래의 나를 만날 수도 있고, 새로운 것을 발명할 수도 있어요. 상상하는 것만으로도 즐거운데 그 상상이 언젠가 위대한 발명의 씨앗이 될 수도 있다니, 정말 근사하지 않나요! 때론 엉뚱해 보이는 상상이 세상을 깜짝 놀라게 할 비밀 열쇠가 된다는 걸 잊지 말아요.

2020년 가을, 일산에서
문미영 이모가

차례

에이다의 탄생	8
상상은 즐거워	23
천재 과학자 배비지	41
에이다와 미래 컴퓨터의 만남	56

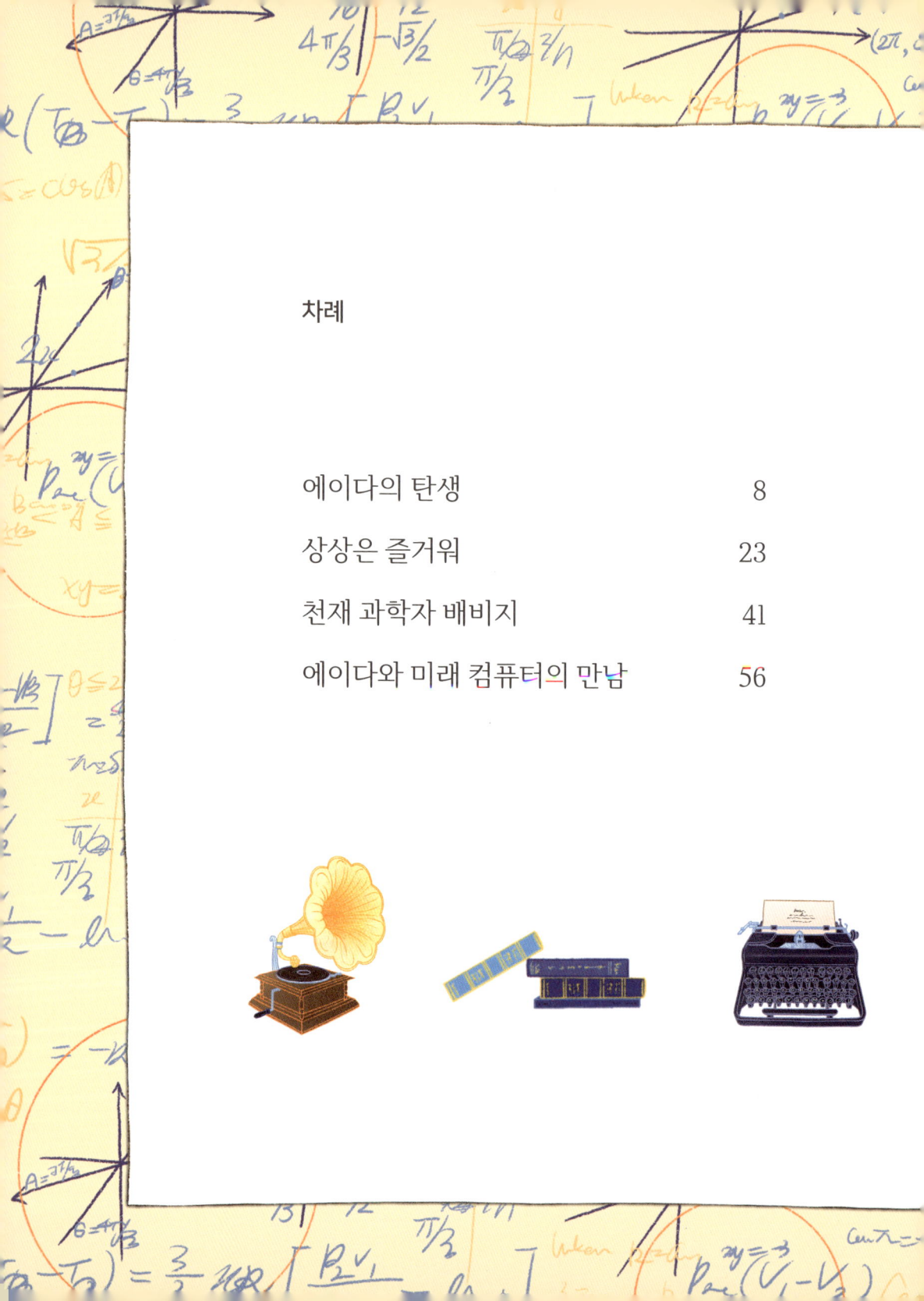

미래를 내다본 상상력의 힘	68
상상력이 남긴 미래의 유산	82
에이다 러브레이스의 생애	87

에이다의 탄생

시인 아버지와 원칙주의 어머니

"응애응애!"

에이다는 1815년 12월 10일에 영국의 유명한 낭만파 시인인 조지 고든 바이런과 똑똑한 원칙주의 아가씨인 애나벨라 밀뱅크 사이에서 외동딸로 태어났어요.

현실적인 부잣집 딸과 감성적인 천재 시인이 사랑에 빠져 결혼한 거죠. 안타깝게도 두 사람의 사랑은 그리 오래가지 못했어요.

"바이런, 당신은 너무 감성적이에요! 제발 그 허무맹랑한 상상력을 멈춰요!"

"앤, 당신은 너무 현실적이요! 그렇게 냉정하게 말하지 말아요!"

바이런과 앤은 서로 너무 다른 생활 방식과 생각을 가진 사람이었어요.

1816년 1월 16일, 결국 앤은 바이런에게 이혼을 통보하고는 에이다를 데리고 떠났어요. 에이다는 태어난 지 한 달 만에 아버지와 헤어지게 되었죠.

"꿈만 꾸는 몽상가 따위는 필요 없어. 소중한 내 아이는 나 혼자서도 멋지게 키울 수 있다고!"

앤은 바이런에게 깊은 배신감을 느꼈어요. 앤은 굉장히 부유한 집안에서 자란 예의 바른 사람이었어요. 노예 제도에 반대하는 유명한 사회 활동가였고, 똑똑한 수학자이기도 했죠. 별명이 '평행사변형 공주'였을 정

도로 똑 부러진 여성이었어요.

　앤과 헤어진 후, 바이런은 딸 에이다에 대한 권리와 의무를 전혀 행사하지 않았어요. 에이다가 태어난 지 고작 4개월 만인 4월 21일, 바이런은 영원히 영국을 떠나 버렸답니다.

　에이다에게는 아버지에 대한 그 어떤 기억과 추억도 남아 있지 않았어요.

조지 고든 바이런(George Gordon Byron)

영국의 낭만주의 문학을 선도했던 시인으로 누구보다 자유롭게 살았어요. 1805년에 케임브리지 대학교에 입학해 역사와 문학을 전공하지만 학업에는 신경 쓰지 않았어요. 포르투갈, 스페인, 그리스 등을 여행한 뒤 런던에 살다가 1812년에 『차일드 해럴드의 순례』 『돈 후안』 등 유명한 작품으로 19세기를 대표하는 낭만파 시인이 됐어요. 1815년 애나벨라 밀뱅크와 결혼해 에이다를 낳았지만 방탕한 생활로 이혼하고 비판을 받았죠. 바이런은 결국 영국을 떠나 스위스, 그리스 등을 다니다가 「오늘 나는 36세가 되었다」라는 시를 마지막으로 쓰고 사망했어요.

상상력은 우리의 적!

앤은 바이런에 대한 미움이 엄청나게 컸어요. 남편이 가진 허무맹랑한 상상력과 낭만주의적인 생각이 결혼 생활을 망쳤다고 여겼죠. 그래서 에이다가 바이런을 닮을까 봐 전전긍긍했어요. 앤은 바이런이 가진 자유롭고 꿈꾸는 듯한 모습이 정말 싫었어요.

"우리 딸은 절대로 바이런처럼 키우지 않을 거야! 이성적이고 합리적인 아이로 키우겠어!"

앤은 에이다가 '시와 문학' 근처에 가지 못하도록 했어요. 대신 딸이 수학과 과학에 관심을 갖도록 노력했어요.

그런 어머니 덕분에 에이다는 어린 시절부터 가정 교사에게 수학과 과학을 배웠어요. 가정 교사는 윌리엄 프렌드, 메리 서머빌과 같은 19세기의 유명한 과학자들이었죠. 저명한 수학자 드모르간도 있었고요. 앤은

에이다의 머릿속에서 상상력이나 낭만을 지우고 논리와 이성으로만 가득 채우고 싶어 했어요.

앤은 에이다가 세 살 되던 해 가정부와 가정 교사에게 말했어요.

"아이에게는 항상 진실과 사실만을 말해 주어야 합니다. 머릿속에 상상을 심어 줄 만한 터무니없는 이야기는 절대로 하지 마세요!"

앤은 에이다 주변에 있는 모든 사람들을 조심시켰어요. 바이런을 닮지 않기를 바라며 지켜보고 또 감시했답니다.

"나의 딸 에이다, 쓸데없는 생각은 머릿속에서 지우렴. 이성과 수학만이 최고의 진리란다!", "에이다, 항상 올바른 자세로 공부해야 한단다.", "딸아, 세상을 움직이는 건 합리적인 생각이야."

앤은 에이다에 대한 기대가 무척 높았기 때문에 엄

격하게 교육시켰어요. 에이다는 불과 다섯 살밖에 되지 않았지만 수학, 과학, 프랑스어 등 다양한 공부를 했죠. 바른 자세를 위해 널빤지에 기대 수업을 받게 할 정도였어요. 에이다가 수업 중에 손가락을 장난스럽게 꼼지락거리면 검은 주머니에 손이 묶인 채 옷장 속에 갇히는 벌을 주기도 했어요.

앤은 엄격했지만 에이다를 무척 사랑했어요.

앤은 다양한 사회 활동을 하기 위해 이곳저곳을 여행하며 집을 자주 비웠어요. 그때마다 에이나는 외할머니의 사랑과 보호 아래 자랐지요.

앤은 유럽 곳곳을 다니며 바쁘게 활동했지만, 늘 딸을 걱정하느라 집으로 많은 편지를 보냈어요. 멀리 떨어져 있는 순간에도 에이다를 이성적인 아이로 자라게 하기 위해 노력했지요.

앤의 바람대로 에이다는 열심히 공부했어요. 앤이 없

을 때에도 에이다는 어머니가 세운 시간표대로 공부했죠. 에이다는 아침에 일어나면 수학과 문법을 공부했어요. 특히 수학은 에이다가 가장 좋아하는 과목이기도 했죠.

"수학은 정말 재미있어요. 난 어떤 문제든지 풀어낼 자신이 있어요!"

에이다는 굉장히 똑똑해서 수학, 논리 분야에서 선생님들의 칭찬을 많이 받았어요. 점심을 먹은 후에는 빅토리아 시대의 귀족 여자아이들이 배우는 바느질과 음악 그리고 프랑스어 등을 배웠어요. 매일같이 빠빠하게 짜인 일정대로 공부하는 건 힘들었지만 에이다는 모든 공부가 재미있고 즐거웠어요.

때때로 시간이 남을 때면 에이다는 서재로 가서 다양한 종류의 책을 읽었어요. 당시 영국은 아시아, 아프리카 등 많은 나라를 침략하는 제국주의 국가였어요. 서재에는 여러 나라에서 온 다양한 책이 가득했지요.

"나중에 어른이 되면 엄마처럼 이곳저곳으로 여행을 가고 싶어. 신기한 동물도 많이 보고 새로운 것들도 많이 익힐 수 있을 거야!"

어릴 때부터 몸이 약했던 에이다는 밖으로 다닐 수가 없었지만, 대신 여러 지도와 다양한 나라의 책을 읽으

며 세계 곳곳을 여행하는 꿈을 꾸었죠.

에이다는 어머니와 할머니의 관심과 사랑 속에 똘똘한 아이로 자랐지만, 아주 가끔 마음에 구멍이 난 것 같은 기분이 들 때가 있었어요.

바로 '아버지'라는 존재 때문이었죠. 주변 또래들에게는 당연히 있는 아버지를 에이다는 태어난 후 단 한 번도 본 적이 없었으니까요.

여덟 살이 되던 해, 앤은 에이다에게 말했어요.

"에이다, 너의 아버지가 해외에서 떠돌다 돌아가셨다는구나."

어머니의 말을 듣자마자 에이다는 온몸에 힘이 빠지는 것 같았어요. 아무런 대답도 하지 못한 채 눈물만 뚝뚝 흘렸죠.

어머니는 그전까지 에이다에게 아버지에 대한 이야기를 들려준 적이 없었어요. 에이다가 궁금해하며 물을

땐 무서운 표정으로 아무런 말도 해 주지 않았거든요. 에이다에게 아버지의 존재를 감추기 위해 초상화까지 꽁꽁 감춰 놓을 정도였죠.

에이다는 아기였을 때 아버지와 헤어졌기 때문에 아무런 감정이 없을 줄 알았지만 그렇지 않았어요. 아버지가 돌아가셨다는 소식에 펑펑 울었고 몇 날 며칠을 앓아 누울 정도로 큰 슬픔에 빠졌죠.

 에이다의 즐거운 상상

과연 어머니 앤은 에이다에게서 아버지의 흔적을 없애는 데 성공했을까요? 에이다를 상상력이 가득한 시적인 아이가 아니라, 논리적이고 이성적인 여성으로 키우는 데 성공했을까요? 과연 상상력은 에이다의 적이 되었을까요?

 상상의 실마리

"친구들, 나를 부를 때는 꼭 '시적인 과학자'라고 불러 줘!"
"내가 죽거든 아버지 무덤 옆에 묻히고 싶어요."

 **상상의 해결**

에이다는 평생 아버지를 그리워했고, 죽을 때에는 아버지 곁에 묻히기를 원했어요. 또한 아버지에게 물려받은 상상력은 에이다가 성장하는 데 큰 힘이 됐죠.

에이다는 서재에서 다양한 책을 읽으며 가 보지 않은 곳을 상상하고 또 상상했어요. 어머니에게 편지 쓸 때는 자신도 모르게 시적인 표현을 쓰기도 했죠. 어머니는 그런 모습을 볼 때마다 질색했지만 에이다의 풍부한 상상력을 막을 수는 없었어요. 에이다는 자신을 '시적인 과학자(poetical scientist)'라고 부를 정도로 상상하는 걸 좋아했죠.

에이다는 아버지의 풍부한 상상력과 어머니가 원했던 과학자의 모습을 두루 갖춘 사람으로 성장했답니다.

빅토리아 시대

빅토리아 여왕

에이다가 살던 빅토리아 시대는 1837년 6월 20일부터 1901년 1월 22일까지 영국의 빅토리아 여왕이 다스리던 시기를 의미해요. 이 시기 영국은 정치, 경제, 사회, 문화, 군사 등 다양한 방면에서 커다란 변화를 겪고 있었죠.

산업과 과학이 엄청나게 발달했지만, 여성들에게 여전히 구시대적인 억압을 강요하기도 했어요. 청교도의 영향 때문이었죠. 여성은 대학에 입학해 강의를 들을 수 없었고, 아무리 똑똑해도 교수가 돼 강단에 설 수 없었어요. "예의 바른 숙녀가 돼야 한다", "정숙하고 순결해야 한다" 등 여성에 대한 차별이 고스란히 남아 있던 시대였어요.

하지만 뛰어난 지성과 상상력을 가진 여성들은 활발히 자신의 꿈을 펼쳤어요. 『폭풍의 언덕』을 쓴 에밀리 브론테, 『제인 에어』를 쓴 샬롯 브론테, 『오만과 편견』을 쓴 제인 오스틴 등 여성 작가들은 사회의 편견에 맞서 당당하게 멋진 작품을 남겼죠.

이 시기 영국은 합리주의와 과학을 바탕으로 한 발명과 탐구를 멋진 일로 생각했어요. 많은 과학자와 발명가들이 기술을 발전시키고 기계를 발명하며 영국 산업의 전성기를 이끌었어요. 오늘날 영화의 전신인 활동사진기가 발명되었고, 자동차를 타는 사람들도 생겨났죠. 컴퓨터의 기초가 된 '해석 기관'을 발명한 과학자도 있었답니다.

상상은 즐거워

천재 고양이 버프

"밖에 나가서 뛰어놀고 싶어."

에이다가 파란 하늘을 보며 혼잣말했어요.

에이다는 어린 시절부터 몸이 약했고 자주 아팠기 때문에 바깥 활동이 자유롭지 않았어요. 아버지 바이런이 죽음을 맞은 해인 여덟 살 때는 굉장히 큰 두통을 앓았는데 일시적으로 앞이 보이지 않을 정도였죠.

몸이 약했지만 에이다는 열심히 공부했어요. 어머니

가 원하는 대로 이성적이고 합리적이고 지성을 갖춘 멋진 사람으로 성장하고 싶었죠.

"에이다는 정말 대단해요. 독창적인 수학자가 될 거예요!"

"또래 남자아이보다 훨씬 뛰어난 수학 능력을 갖고 있어요."

"에이다는 수학에 천부적인 재능을 가지고 있어요. 그 어떤 한계도 뛰어넘는 굉장한 사람이 될 거예요!"

에이다를 가르친 가정 교사들은 하나같이 에이다를 칭찬하고 또 칭찬했죠.

'평행사변형 공주'란 별명을 가진 앤을 넘어서 에이다는 '인간 계산기'라는 별명으로 불릴 정도였으니까요. 앤은 그런 딸을 보며 정말 뿌듯했어요.

에이다는 수학과 과학을 좋아하고 열심히 공부하면서도 호기심을 갖고 상상하는 일은 멈추지 않았어요.

에이다는 틈틈이 새로운 것을 꿈꾸고 상상했고, 또 그런 상상을 현실에 적용하기 위해 다양한 실험을 하며 시간을 보냈어요.

 에이다의 즐거운 상상

"퍼프를 세계에서 가장 똑똑한 고양이로 교육시키기!"
에이다의 첫 번째 관심은 에이다가 기르던 고양이인 단짝 친구 퍼프를 세계 최고의 고양이로 기르는 일이었어요. 퍼프는 몸이 약한 에이다의 유일한 친구였거든요. 퍼프는 바쁜 어머니를 대신해 늘 에이다 곁에 있어 주었죠.
에이다는 퍼프를 사랑했고, 세상에서 가장 훌륭하고 똑똑한 고양이가 되길 바랐어요. 그래서 자신이 교육을 통해 성장하듯 퍼프도 교육과 훈련을 시키고 싶어 했어요.

"퍼프, 내가 이렇게 손짓하면 이쪽으로 오라는 의미야. 알겠지? 잘하면 맛있는 간식을 상으로 줄 거야."
"냐아옹."

"퍼프, 제발 얌전히 굴어 봐. 내 말을 따르지 않으면 벌을 줄 거야!"

"냐아옹!"

에이다는 퍼프가 세상에서 가장 똑똑한 고양이가 되어 신문에 나오는 모습을 상상하기도 했어요. 에이다가 공부한 것처럼 상과 벌을 주며 열심히 교육시키다 보면 최고의 고양이가 될 수 있을 거라고 믿었죠.

"맙소사. 퍼프, 이건 정말 간단한 거잖아. 이것도 못하겠니?"

"냐아옹."

안타깝게도 에이다가 퍼프를 교육하는 건 불가능했어요. 에이다는 머릿속으로 상상했던 수많은 방법으로 교육하려고 했지만 퍼프는 에이다의 말을 전혀 듣지 않았죠.

"안 되겠다. 퍼프, 넌 그냥 네 마음대로 자유롭게 사는 게 좋겠어!"

"냐아옹!"

에이다는 결국 퍼프의 교육을 포기하고 자유롭게 행동하도록 두었죠. 하지만 퍼프를 사랑하고 아끼는 마음은 그대로였어요.

상상의 해결

지금도 많은 사람이 고양이를 길들이고 싶어 해요. 고양이를 교육하고 사회화시키려는 많은 시도들이 있죠. 하지만 완벽하게 성공했다는 소식은 어디에도 없어요. 고양이와 인간은 절친한 관계지만 '길들이기'보다는 '어우러져 살기'가 더 어울리는 관계라는 게 일반적인 생각이에요.

기계는 정말 근사해!

그 무렵 영국에서는 산업 혁명이 시작되고 있었어요. 영국 곳곳에 거대한 공장들이 생겨났고, 증기의 힘으로 기계가 힘차게 돌아갔죠. 공장에서는 많은 물건들이 빠르게 만들어졌어요.

산업이 발달하자 사람의 손으로 했다면 위험하고 시간도 오래 걸릴 일들이 기계 덕분에 빠르게 해결될 수 있었어요.

에이다의 어머니는 딸을 위해 종종 공장 견학을 시켜 주었어요.

"증기로 움직이는 이 기계들은 모두 수학과 과학을 통해 정밀하게 만들어진 거란다. 수학과 과학은 정말 대단하지 않니!"

"정말 근사해요. 최고로 멋져요!"

다양한 기계들이 움직여 옷과 그릇, 장식품 등을 똑같이 만들어 냈고, 에이다는 그 놀라운 모습에 눈을 뗄 수 없었죠.

"나도 언젠가는 세상을 놀라게 할 근사한 발명품을 만들 거야!"

에이다는 기계를 보며 다짐했죠.

그러던 어느 날, 에이다의 머릿속에 좋은 생각이 떠올랐어요. 바로 '하늘을 나는 기계'였죠. 하늘을 날아가면 어디든지 자동차보다 빠르게 갈 수 있을 거라는 생각이 들었어요. 열세 살이 된 에이다는 '하늘을 나는 기계'를 만들기 위해 연구를 시작했어요.

에이다의 즐거운 상상

"하늘을 나는 기계를 만들 거야!"
에이다는 하늘을 나는 기계를 타고 이곳저곳을 날아다니는 상상만으로 가슴이 부풀어 오르는 것 같았어요. 정말 설레었죠. 에이다는 하늘을 나는 기계를 만들기 위해 그동안 배운 수학적이고 과학적인 지식을 활용하기 시작했어요.

"새는 하늘을 날 수 있어. 새처럼 멋진 날개를 만든다면 분명 사람도 하늘을 날 수 있을 거야. 만약 하늘을 나는 데 성공한다면 증기 기관차보다 빠를 거야!"

에이다의 어머니 앤은 종종 유럽 곳곳으로 여행을 떠났어요. 에이다는 하늘을 나는 기계를 만들어서 그 기계를 타고 어머니를 만나러 가고 싶었어요. 자신이 직접 가지 못해도 하늘을 나는 기계로 편지를 전달하면 훨씬 빨리 도착할 것이 분명했죠.

"하늘을 나는 기계를 완성하면 그 어떤 과학자보다

훌륭한 사람으로 평가받을 거야!"

에이다는 날개에 대해 조사하고 설계도를 그리며 고민하고 또 연구했죠. 하지만 하늘을 나는 기계를 만드는 건 쉽지 않았어요.

어느 날, 에이다는 마당에 떨어져 죽은 까마귀를 발견했어요. 보통의 소녀라면 무서워 피했겠지만 에이다는 용감했어요. 날개를 자세히 연구해야 한다고 생각했기 때문이죠.

"바로 이거야!"

에이다는 커다란 종이에 까마귀의 날개를 관찰해 그림을 그렸어요. 하늘을 나는 비밀에 한 발자국 가까이 다가간 느낌이 들었죠. 날개를 달고 멋지게 날아다니는 자신을 떠올리니 절로 기분이 좋아졌죠.

"새의 날개를 좀 더 유심히 살펴보면 비행의 비밀을 알아낼 수 있을 거야."

하지만 죽은 까마귀 한 마리로는 날개의 비밀을 파헤치는 데 어려움이 있었어요. 에이다는 여행 중이던 어머니에게 편지를 썼어요.

어머니, 저는 하늘을 나는 기계를 만들 생각이에요. 그 기계가 완성되면 우체국에 가지 않아도 어머니에게 편지를 보낼 수 있을 거예요. 또 어머니를 보기 위해 직접 날아갈 수도 있고요. 정말 근사하지 않나요! 그러기 위해서는 많은 연구가 필요하다는 걸 알고 있어요. 그래서 열심히 공부할 거예요.
어머니, 제가 오늘 굉장히 놀라운 사실을 발견했어요. 까마귀 날개에 붙은 깃털들이 일정한 규칙을 가지고 있다는 점이었어요. 그리고 날개 뼈들은 까마귀의 체중을

견딜 수 있을 만큼 치밀한 구조로 되어 있었어요. 분명 새들은 크기에 따라 깃털의 모양과 날개 뼈의 크기가 다를 거예요.

하늘을 나는 기계를 만들기 위해 더욱 다양한 책이 필요해요. 여행 중 새의 해부학에 관련된 책을 발견하면 꼭 구해서 보내 주세요.

어머니의 사랑스러운 통신 비둘기가

 상상의 실마리

에이다는 까마귀 날개를 관찰해 그림을 그리고 도표를 만들었어요. 에이다가 가진 수학적인 지식도 이용했죠. 일정한 무게가 하늘을 날기 위해 필요한 날개의 크기를 수학적으로 계산했어요. 그래서 사람이 날기 위해서는 엄청난 힘이 필요하다고 생각했어요. 증기 기관을 이용해 날 수 있는 방법도 고민했죠.

에이다는 하늘을 나는 기계를 만들기 위해 혼자서 연구에 연구를 거듭했어요. 에이다의 열정은 무척 뜨거웠으니까요.

"증기 기관을 이용해 날개를 움직이면 더욱 힘 있게 하늘을 날 수 있을 거야. 그런데 기계가 너무 무거우면 어쩌지?"

"기계를 말 모양으로 만들면 좀 더 빠르고 쉽게 날 수 있지 않을까?'

에이다는 머릿속에 매일같이 수많은 아이디어가 떠올랐고, 그 아이디어가 실제로 만들어졌을 때를 상상하면 절로 웃음이 나왔지요. 잔뜩 기대에 찬 에이다는 얼마 뒤 어머니로부터 답장을 받았어요.

사랑하는 에이다에게
딸아, 네가 지금 하늘을 나는 기계에 너무나 많은 에너지를 쏟고 있다는 사실이 무척 실망이다. 내가 항상 말했듯이 최고의 지식은 상상으로 만들어진 것이 아닌 과학과 수학적인 사실로부터 도출된 결론뿐이란다.

그리고 '어머니의 사랑스러운 통신 비둘기'라는 시적인 표현은 절대 쓰면 안 된단다. 허무맹랑하고 이상적인 단어를 사용하는 건 너를 망치는 길이라는 걸 잊지 말거라. 다음번 편지에는 하늘을 나는 기계가 아닌 수학과 과학에 더욱 매진하고 있다는 소식을 듣고 싶구나.

언제나 너를 사랑하는 어머니가

공교롭게도 1829년 열네 살이 되던 해, 에이다는 홍역에 걸리고 말았어요. 몸이 아프니 자유롭게 움직일 수도 없고, 연구하고 공부할 시간도 많지 않았죠. 게다가 어머니도 '하늘을 나는 기계'에 에이다가 시간을 뺏기는 걸 싫어했고요.

에이다는 결국 '하늘을 나는 기계'를 만들려는 계획을 멈췄어요.

에이다는 홍역에 걸려 침대에 누워 3년 가까운 시간

을 보내야 했어요. 그러다가 열여섯 살이 되어서야 간신히 지팡이를 짚고 걸을 수 있었어요.

에이다는 어머니의 뜻대로 상상하는 걸 멈추고 이성적으로만 생각하며 공부했을까요?

그렇지 않아요. 에이다는 그 후에도 다양한 상상을 했어요. 1844년에는 친구에게 두뇌가 생각과 감정을 일으키는 원리를 수학적인 모델로 계산하고 싶다고 얘기했어요. 감정의 원리를 수학적으로 만들고 싶다는 생각이었죠. 이 연구와 관련해 전기 기술자인 앤드루 크로스를 만나 실험 방법을 의논하기도 했어요.

또한 죽음을 앞둔 말년에는 어머니에게 보내는 편지에서 수학과 음악의 상관관계에 대해 연구하고 싶다고 얘기하기도 했어요. 에이다는 자신의 온 삶을 통해서 끊임없이 상상하고 그 상상력을 토대로 과학적인 연구를 계속해 나갔어요.

상상의 해결

에이다는 결국 하늘을 나는 기계를 만드는 걸 포기했어요. 하지만 그 후 많은 과학자들이 연구를 거듭해 결국 하늘을 날 수 있게 되었죠.

1891년 독일의 항공기술자 오토 릴리엔탈

라이트 형제

(Otto Lilienthal)은 처음으로 사람이 탈 수 있는 글라이더를 개발했어요. 그리고 1896년 자신이 만든 글라이더를 타고 시험 비행을 실시했어요. 하지만 안타깝게도 비행 도중에 갑자기 강한 바람을 만나 추락하고 말았죠.

릴리엔탈을 본받아 비행기에 도전한 용감한 형제가 있었으니, 그들은 윌버 라이트(Wilbur Wright)와 오빌 라이트(Orville Wright)였어요.

비행기의 아버지로 평가되고 있는 라이트 형제는 지속적인 연구 끝에 1903년 12월 17일, 키티호크에서 라이트 플라이어(Wright Flyer) 1호의 비행에 성공했어요.

지금 우리가 사는 세상은 에이다가 상상했던 것처럼 사람이 직접 기계를 달고 하늘을 날 수 있어요. 영국의 한 과학자는 영화 〈아이언맨〉에서 본 하늘을 나는 슈트에 착안해 '다이달로스'라는 장치를 개발했고 하늘을 나는 데 성공했어요. 또한 최근에는 드론을 이용해 하늘을 날 수 있는 시대가 되었지요. 결국 에이다의 상상은 '허무맹랑한' '쓸데없는' 짓이 아니라 현실이 되었답니다.

천재 과학자 배비지

사교계에 진출하다

"드디어 나도 사교계에 진출할 수 있게 됐어!"

에이다는 열일곱 살의 근사한 아가씨로 성장했어요. 귀족 아가씨에게 열일곱 살은 굉장히 중요한 나이예요. 사교계에 데뷔하는 시기이기 때문이에요.

사교계에 데뷔한다는 것은 빅토리아 시대의 귀족 여성에게 굉장한 의미가 있었어요. 런던에서 열리는 각종 모임에 참여해 다양한 사람들과 교류할 수 있었거든요.

파티나 연회, 무도회에 참석해 이야기하고 춤추며 여러 사람을 만날 수 있었어요. 매우 크고 멋진 파티에는 왕과 왕비도 참석했지요. 그뿐만 아니라 저명한 과학자와 수학자, 문학가 등 영국을 움직이는 최고의 지성인을 만날 수 있었어요. 무엇보다 평생을 함께할 배우자를 만날 기회도 생겼죠.

에이다 역시 하루라도 빨리 사교계에 나가서 파티에 참석하고 싶었어요. 하지만 또래와는 다른 특별한 이유 때문이었어요.

에이다는 홍역을 앓으며 오랫동안 침대에 누워 지내 많은 사람을 만나지 못했어요. 대부분 집에서 시간을 보내야 했기 때문에 공부 외에는 할 수 있는 게 많지 않았어요. 누구보다 열심히 공부했던 에이다는 자신이 수학에 큰 재능이 있다는 걸 잘 알고 있었죠.

에이다는 어머니에게 말하곤 했어요.

"어머니, 언젠가 저는 아버지가 시인으로 이룬 것보다 더 위대한 수학자가 되겠어요. 아버지는 방랑하며 천재성을 낭비했지만 제가 대신 인류에 도움이 되는 사람이 되겠어요."

실제로 에이다가 가진 수학적인 재능은 대단했어요.

에이다의 가정 교사이자 기호 논리학의 창시자 중 한 사람인 드모르간은 에이다의 어머니에게 편지를 보내 "에이다가 가진 사고력은 남성 혹은 여성의 통상적인 수준에서 완전히 벗어나요. 뛰어납니다."라고 칭찬할 정도였죠.

건강해진 에이다는 넓은 세상에 나가 사람들과 교류하며 수학 이론을 나누고 또 학문적인 견문도 넓히고 싶었어요.

에이다 옆에는 가정 교사이자 현명한 과학자였던 서머빌 선생님이 응원을 보내 주고 있었죠.

"전 위대한 진리와 원리를 밝혀내는 사람이 되고 싶어요."

"에이다, 네가 원한다면 분명 그렇게 될 거야."

서머빌 선생님은 에이다를 무척 아끼며 다양한 지식을 전해 주었고, 에이다의 인생에서 아주 중요한 사람을 소개해 주었어요. 바로 천재 괴짜 발명가로 불리는 찰스 배비지였어요.

메리 서머빌(1780~1872)

메리 서머빌은 저명한 과학 저술가이자 수학자예요. 에이다의 수학 선생님이자 배비지와 친한 친구죠. 서머빌은 태양계의 새로운 행성을 예측한 일로 유명해요. 당시 과학자들은 천왕성까지 알고 있었지만, 서머빌은 천왕성의 궤적을 계산한 후 '새 행성이 있다'는 가설을 세웠고 해왕성 발견에 중요한 근거가 되었어요. 서머빌이 죽은 뒤에는 1879년에 옥스퍼드 대학교에 서머빌 칼리지가 생겼고, 소행성과 달의 분화구에 서머빌의 이름을 붙였어요. 스코틀랜드 은행은 서머빌의 얼굴을 넣은 지폐를 발행하고 있어요.

찰스 배비지(1791~1871)

영국의 수학자이자 철학자, 발명가, 기계 공학자로서 '프로그램이 가능한 컴퓨터' 개념을 처음으로 성립한 사람이에요. 컴퓨터의 아버지로 불리죠. 배비지는 기계식 컴퓨터를 최초로 개발한 인물로 평가받아요. 배비지가 생전에 남긴 수많은 업적 덕분에 당대 최고의 천재로 알려져 있어요. 빅토리아 시대 당시 예산과 기술 부족으로 완성되지 못한 배비지의 차분 기관 일부는 런던 과학 박물관에 소장돼 있어요.

에이다와 배비지, 두 천재의 만남

에이다는 그해 6월 서머빌 선생님의 집에서 열린 저녁 파티에서 처음 배비지를 만났어요. 배비지는 영국에서 상류층이라면 누구나 아는 유명한 과학자였죠. 에이다의 가정 교사였던 서머빌 선생님과 배비지는 친한 친구 사이였어요.

배비지는 자신의 저택에서도 자주 파티를 열었어요.

배비지의 집에는 신기하고 다양한 기계들이 가득했고, 배비지는 다양한 지식으로 사람들과 즐겁게 대화하는 사람이었죠. 영국의 정치, 경제, 문학에 종사하는 많은 사람들이 배비지의 파티에 초대받고 싶어 했어요. 에이다도 마찬가지였고요.

배비지의 파티에 초대받으려면 세 가지 조건이 필요했어요. 지성과 아름다움 그리고 작위였죠. 그마저도 없다면 돈이 엄청 많아야 했죠. 그만큼 배비지는 영국 최고의 인기 과학자였어요.

에이다는 배비지와 처음 만나고 몇 주가 지나 드디어 배비지의 성대한 파티에 초대받을 수 있었어요.

"배비지가 절 좋아할까요?"

"물론이지, 에이다처럼 똑똑하고 근사한 아가씨를 누가 싫어하겠어."

에이다는 서머빌 선생님과 함께 두근거리는 마음으

로 배비지의 파티에 참석했죠. 파티에는 정말 많은 사람이 모여 있었어요. 영국을 대표하는 귀족과 과학자, 발명가, 수학자는 모두 모인 것 같았죠. 에이다는 처음엔 무척 어색했어요. 그렇지만 어색함보다 호기심이 더 컸어요. 배비지의 집에는 온통 신기하고 재미있는 것들이 가득했거든요.

"정말 멋지다!"

배비지의 응접실을 구경하던 에이다는 은으로 만든 자동인형을 바라봤어요. 발레리나 모형의 자동인형은 오른손에 새를 올려두고 있었어요. 달각달각 인형이 움직일 때마다 새는 꽁지를 흔들고 날개를 퍼덕거리며 부리를 벌렸죠.

"이건 어떤 원리로 작동하는 걸까?"

에이다는 고개를 갸웃거리며 신기한 듯 자동인형을 바라봤어요.

"자, 이것을 보세요!"

그때 에이다의 귀에 배비지의 열정적인 목소리가 들렸어요.

"무슨 일이지?"

에이다는 사람들이 모여 있는 곳으로 발걸음을 옮겼어요. 많은 사람이 배비지를 에워싸고 있었죠. 배비지는 아주 자랑스러운 표정으로 자신이 만든 차분 기관의 일부분을 설명하기 시작했죠. 얽혀 있는 작은 톱니바퀴들이 회전하며 움직이는 기계였어요.

"차분 기관은 그 어떤 복잡한 계산도 자동으로 해낼 수 있습니다."

배비지와 차분 기관을 번갈아 본 에이다는 마치 전기에 감전된 것 같은 기분이 들었어요. 차분 기관에서 눈을 뗄 수 없었죠.

에이다뿐 아니라 파티에 모인 모두가 차분 기관을 바

라보며 놀라움을 드러냈죠.

배비지는 차분 기관을 자랑스럽게 소개했어요.

"그런데 내용이 좀 어려운 것 같아."

"감탄할 만하지만 사실 난 도대체 무슨 말인지 하나도 모르겠어!"

많은 이들은 배비지가 설명하는 차분 기관이 어렵게 느껴졌어요. 배비지는 그런 마음을 이해한다는 듯 친절하게 기계를 움직이며 자세히 설명해 주었어요. 하지만 누구도 차분 기관에 대해 완벽하게 이해하는 사람은 없었죠. 차분 기관은 굉장히 복잡하고 정교한 기계였으니까요.

"이 기계가 완성되면 별의 움직임을 예상할 수 있고, 배가 이동할 경로도 완벽하게 계산할 수 있어요."

배비지가 열정적으로 설명했어요. 에이다는 차분 기관에 반한 듯 눈을 반짝이며 차분 기관을 향해 다가갔

어요.

"이건 정말 엄청난 기계네요!"

배비지가 반짝거리는 에이다의 눈을 보고는 환한 미소를 지었죠. 드디어 자신이 만든 발명품의 진가를 알아본 사람이 나타난 거예요.

"이 바퀴를 잘 관찰해 보세요. 한 가지 법칙에 따라 일련의 숫자를 만들어 낼 거예요. 정답을 계산하는 기계지요!"

"정말이네요! 모든 급수를 차분법으로 도표화할 수 있군요!"

"맞아요. 당신만이 나의 차분 기관을 제대로 이해하고 있군요."

"배비지, 대단해요!"

에이다는 차분 기관의 일부분을 보면서 배비지의 설명을 듣고 있으니 그 기계가 움직이는 원리가 한눈에

훤히 보였어요.

배비지는 자신이 만든 차분 기관의 진가를 알아주는 에이다가 마음에 들었어요. 모두가 아리송한 표정을 짓고 있었지만 에이다만큼은 자신의 발명품을 완벽하게 이해하고 있었으니까요.

"에이다, 가까이 와서 이 부분을 한번 봐요. 특히 여기가 정말 뛰어난 부분이에요."

"이건 완벽하네요!"

에이다와 배비지의 운명적인 만남이었어요.

마흔 살이 넘은 배비지는 에이다와 나이 차이가 크게 났어요. 하지만 천재는 천재를 알아보는 법이었죠. 게다가 두 사람은 수학과 과학이라는 공통 관심사도 있었어요. 고루한 빅토리아 시대에 맞지 않는 자유롭고 열정적인 성격도 비슷했고요.

배비지와 에이다는 나이 차이에도 절친한 친구 사이가 됐어요.

파티 이후에도 에이다는 배비지의 집에 자주 방문해 배비지가 만든 기계와 설계도를 보며 이야기를 나누었어요.

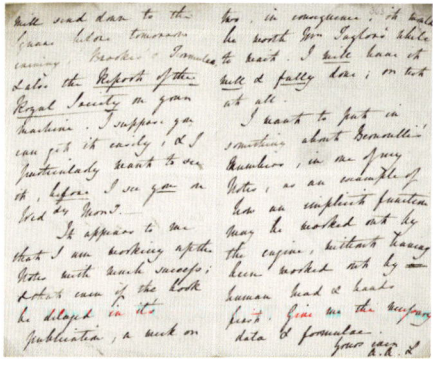

에이다가 배비지에게 쓴 편지, 1843

때로는 배비지와 편지를 주고받았는데, 그 안에는 차분 기관에 대한 이야기도 있고 재미있는 수학 퍼즐 문제가 들어 있기도 했어요. 배비지가 수수께끼처럼 수학이나 퍼즐 문제를 내면 에이다는 그 문제를 풀어 답장하는 식이었죠.

배비지와 에이다의 우정은 시간이 갈수록 두터워졌어요.

차분 기관(Difference Engine)

찰스 배비지는 영국 왕립 천문학회에 '매우 큰 수학적 표를 계산하는 기계적인 방법'이라는 내용을 발표했어요. 바로 차분 기관을 이용해 자동으로 계산하는 방법이었어요. 십진법을 사용했고 핸들을 돌려 동력을 얻도록 설계되었죠. 영국 정부는 이 연구를 지원하다가 배비지가 기계를 만들지 않고 계속 추가 지원금을 요구하자 철회했어요. 배비지는 1847년부터 1849년 사이에 차분 기관의 설계를 발전시켜 차분 기관 2호를 설계했어요.

1989년부터 1991년까지 런던 과학 박물관은 배비지의 탄생 200주년을 기념해 배비지의 원래 설계를 그대로 따라 차분 기관 2호를 만들었어요. 공장에서 제작할 수 있는 형태로 설계를 변환하는 과정에서 몇몇 오류가 발견되었지만 오류가 수정되고 나자 차분 기관은 문제없이 작동했어요.

에이다와 미래 컴퓨터의 만남

에이다, 어머니의 품을 벗어나다

사랑하는 어머니

얼마 전 파티에서 배비지라는 천재 과학자를 만났어요. 배비지가 연구하고 설계한 것들은 정말 대단하고 근사해요. 차분 기관은 아직 일부밖에 완성되지 않았지만 배비지가 얼마나 천재적인 과학자인지, 차분 기관이 얼마나 무궁무진한 가능성을 가진 기계인지를 단박에 알 수 있었죠.

그리고 어머니, 저도 이제 성인이 되었으니 앞으로 제 인생은 스스로 결정하는 사람이 되고 싶어요.

제가 하고 싶은 공부와 연구를 스스로 결정해서 진행할 생각이에요. 어머니가 이해해 주셨으면 좋겠어요.

에이다의 편지를 받은 앤은 걱정이 많았어요. 앤은 에이다의 바람을 들어줄 수가 없었어요. 에이다는 이미 다 큰 성인이었지만 이미니 눈에는 항상 어린아이 같기만 했죠. 앤은 언제나 아버지 바이런에게 물려받은 상상력과 시적인 감성이 에이다를 망칠까 봐 염려했어요.

"에이다, 상상력이 주는 광기를 늘 조심해야 해!"

"어머니, 저는 아이가 아니에요. 이성적으로 생각하고 판단할 수 있어요."

"상상력이 너를 망칠 수도 있어."

에이다는 자신을 여전히 어린아이로 보는 어머니의 관심이 무척이나 부담됐어요. 어머니를 그 누구보다 사랑했지만 에이다는 더 이상 어머니가 짜 놓은 계획표대로 움직이는 꼬마 숙녀가 아니었으니까요.

열아홉 살이 되던 1835년, 에이다는 런던에서 열린 커다란 파티에서 윌리엄 킹이라는 귀족을 만났어요. 윌리엄은 당시 나이가 서른 살이었는데, 에이다의 호기심 가득한 모습과 지적인 분위기에 한눈에 반했죠.

에이나도 윌리임이 좋았어요. 일리엄은 에이다이 모든 걸 이해하고 존중해 주려고 했거든요.

"에이다, 저의 특별한 사람이 돼 주세요."

"저는 평범한 아내가 될 수 없을지도 몰라요. 하고 싶은 공부와 연구가 많거든요."

"난 평범한 아내를 원하지 않아요. 당신이 가진 열정

과 지성을 존중합니다. 우린 좋은 부부가 될 수 있을 거예요!"

윌리엄은 에이다처럼 호기심이 많고 도전을 좋아하는 사람이었죠. 에이다는 자신을 이해해 주는 윌리엄이 마음에 들었어요. 무엇보다 에이다는 윌리엄과 결혼하면 어머니로부터 완벽하게 독립할 수 있을 거라는 생각이 들었죠.

에이다 러브레이스 백작 부인의 탄생

윌리엄과 결혼한 에이다는 에이다 러브레이스 백작 부인이 되었어요.

윌리엄은 결혼 후에도 에이다가 가진 수학적인 재능을 존중해 주었어요. 수학과 과학을 공부하도록 항상 지지해 주었죠. 연구 활동도 늘 격려해 주었고요. 때로는 집으로 배비지를 초대해 연구하고 논의할 수 있게

도와주었죠.

　에이다는 결혼 후 세 아이를 낳았어요. 세 아이는 모두 개성 넘치는 아이들로 자라났어요. 에이다는 세 아이를 키우면서도 배비지와의 우정을 이어 갔어요. 때론

배비지의 연구실에 방문해 배비지가 하는 다양한 연구를 지켜보며 도와주었죠.

에이다가 결혼하고 아이를 낳아 키우는 사이, 배비지는 새로운 기계를 만드는 데 더욱 열중했어요. 차분 기관보다 더 발달한 새로운 계산 기계, 바로 해석 기관이었어요. 해석 기관은 톱니와 레버로 구성되며 증기 기관을 동력으로 사용한다는 점을 제외하면 본질적으로 현대의 컴퓨터와 원리가 같았죠.

배비지는 해석 기관을 만드는 과정을 에이다와 함께 했어요. 설계도를 보여 주고 자문을 구하기도 했죠.

"에이다, 이 기계는 차분 기관보다 훨씬 더 빠르게 복잡한 계산을 할 수 있고, 그 결과를 저장하고 인쇄할 수도 있어요. 구멍을 뚫은 종이(천공 카드)를 넣으면 기계를 자동으로 제어하니 훨씬 간단하게 이용할 수 있죠! 이걸 해석 기관이라 부르겠어요!"

"당신은 역시 천재예요, 배비지!"

에이다는 배비지의 해석 기관을 보고 단박에 사랑에 빠졌죠.

해석 기관은 구멍을 뚫은 천공 카드를 기계에 넣는 방식으로 쉽고 정확하게 기계에 명령을 전달할 수 있도록 설계됐어요. 천공 카드는 배비지가 자카르식 직조기의 움직이는 카드를 보고 아이디어를 얻은 것이었어요. 실제로 배비지가 사용한 천공 카드는 요즘 우리들이 사용하는 컴퓨터의 프로그램과 같은 기능을 수행했죠.

에이다는 배비지의 해석 기관을 보고 있으니 머릿속에 수많은 상상이 떠오르기 시작했어요.

에이다의 즐거운 상상

"배비지의 해석 기관은 세상에 있는 모든 것을 계산해 낼 수 있을 거야!"

어린 시절부터 수학에 뛰어난 재능을 보인 에이다는 '인간 계산기'

로 불릴 만큼 총명하고 똑똑했어요. '인간 계산기'인 에이다가 '세계 최초의 컴퓨터'인 해석 기관을 보자마자 사랑에 빠지는 건 당연했죠.

해석 기관은 증기 기관을 사용했고 30미터 길이에 10미터 넓이 정도의 크기를 가졌어요. 데이터를 천공 카드로 입력받아 그 결과를 종이에 출력했죠.

50자리의 수 1000개를 저장할 수 있는 저장소(store)가 있었으며, 산술 논리 장치(mil)는 사칙 연산과 비교 연산, 그리고 선택적으로 제곱근 계산까지 가능했어요. 차분 기관보다 더 세밀하고 복잡한 명령도 실행할 수 있었죠.

에이다는 해석 기관에 감탄하는 것에 그치지 않고 또 다른 상상을 시작했어요. 단순히 수를 계산하는 것이 아니라 좀 더 넓은 분야의 나양한 것을 할 수 있다고 상상했죠.

"이 해석 기관은 차분 기관보다 훨씬 조작도 쉽고 무궁무진하게 활용될 수 있는 놀라운 기계예요. 이 기계는 단순히 수를 계산하는 데에만 머무르지 않을 거예요. 이 기계를 이용하면 멋진 음악, 근사한 그림과 사

진 등 다양한 것을 만들고 활용할 수 있을 거예요!"

에이다의 눈에는 해석 기관이 모든 것을 가능하게 만드는 최고의 기계로 보였어요.

에이다는 알 수 있었어요. 자신이 가진 과학적이고 수학적인 능력과 상상력이 해석 기관을 만나면 근사한 것들이 쏟아져 나올 것이라는 걸요.

에이다의 상상력이 힘차게 기지개를 켜는 순간이었어요.

자카르식 직조기

프랑스의 발명가였던 조제프 마리 자카르가 19세기에 발명한 것으로 구멍 뚫린 천공 카드를 이용해 직물의 무늬를 기호화해서 천을 짜는 기계예요. 다수의 날실을 자유롭게 움직여 큰 무늬를 짤 수 있어요. 자카르식 직조기는 배비지가 해석 기관을 발명하는 데 큰 영감을 주었어요.

해석 기관(Analytic Engine)

1832년 배비지는 해석 기관이라는 새로운 기계를 고안해 냈어요. 배비지는 해석 기관의 작동을 제어하기 위하여 두 종류의 천공 카드를 사용하려고 했죠. 기계의 산술 연산 부분과 기억 장치로부터 자료를 이동시키기 위한 제어 부분이었어요.

배비지의 설계대로라면 기억 장치는 약 5만 개의 자릿수를 저장하며, 산술 연산 장치는 덧셈이나 뺄셈을 1초 동안 수행할 수 있어 약 1분에 걸쳐 50자리의 숫자를 곱하거나 나눌 수 있는 능력을 갖춘 기계였죠.

배비지는 일생 동안 자신의 재산을 몽땅 털어서 해석 기관을 제작했지만 경제적, 정치적, 법적 문제로 인해 해석 기관은 완성되지 못했어요. 하지만 해석 기관은 제어 부분과 산술 연산 부분, 기억 장치, 입출력 장치 등을 포함하고 있기 때문에 컴퓨터 구성의 토대가 되었다고 볼 수 있어요.

미래를 내다본 상상력의 힘

1840년, 배비지는 이탈리아 토리노의 학회에서 수학자와 과학자들을 모아 놓고 자신이 설계한 해석 기관에 관해 강의했어요.

"이 해석 기관은 정말 위대하죠. 해석 기관에 대해 더 많은 사람이 알고 즐겨야 합니다. 해석 기관이 실제로 만들어진다면 그 어떤 복잡한 계산도 간단하게 해낼 수 있답니다."

참석자 중 프랑스 공학자인 루이지 메나브레는 해석

기관에 대해 큰 흥미를 드러냈어요.

"정말이지 대단한 발명품이네요!"

2년 후, 메나브레는 프랑스 학술지에 배비지의 해석 기관에 대해 적은 논문을 발표해요.

배비지의 해석 기관은 당대 많은 과학자와 수학자들을 매료시켰지만 여전히 불가능하다고 생각하는 사람이 더 많았어요. 해석 기관을 완전한 기계로 만들기 위해서는 많은 돈이 필요했지만 영국에서는 연구비를 보내 주시 않았거든요. 배비지는 크게 상심할 수밖에 없었어요.

에이다는 그런 배비지에게 구세주 같은 존재였죠. 바로 물리학자인 찰스 휘트스톤이 에이다에게 메나브레의 논문을 번역해 달라고 부탁했기 때문이죠. 메나브레가 배비지의 강의를 듣고 쓴 해석 기관의 프랑스어 논문을 영어로 옮겨 달라는 것이었죠.

해석 기관을 전부 파헤쳐 주겠어!

에이다는 찰스 휘트스톤의 제안을 흔쾌히 받아들였어요.

"음, 뭔가 부족해. 이건 아니야. 해석 기관을 이렇게 단순하게 설명할 수는 없어."

논문을 번역하면서 에이다는 아쉬운 점이 계속 눈에 보였어요. 해석 기관은 정말 멋진 기계인데 메나브레의 논문은 그 다양한 기능과 내용을 모두 담아내지 못한 것 같았거든요.

에이다는 서둘러 배비지를 만나러 갔어요.

"배비지, 저는 지금 메나브레가 해석 기관에 관해 쓴 논문을 번역하고 있어요. 그런데 모두가 쉽게 이해할 수 있도록 조금 더 자세히 이야기를 덧붙이면 어떨까요? 예를 들면 해석 기관이 얼마나 근사한 것들을 많이 해낼 수 있는지 추가로 설명하면 좋을 것 같아요."

에이다의 말에 배비지는 눈이 번쩍 뜨였죠.

"에이다, 당신만큼 내 발명품에 대해 잘 이해하는 사람은 세상에 없을 것이오. 당신이 직접 주석을 달면 어떨까요?"

"제가 직접 주석을 쓴다고요?"

주석을 다는 작업은 단순한 번역이 아니라 논문을 한층 더 심도 있게 만드는 작업이었죠.

당시 영국에서 여성이 직접 논문을 쓰거나 주석을 다는 일은 흔하지 않았어요. 여자 교수도 없던 시절이니까요.

에이다는 고민했어요. 여성이 주석을 다는 일이 없었기 때문에 사람들이 자신의 글을 어떻게 생각할지 걱정됐죠. 하지만 에이다는 해석 기관에 대한 것만큼은 누구보다 자신 있었어요.

"좋아요. 해 볼게요!"

에이다는 결심을 마친 듯 배비지의 제안을 받아들이며 힘 있게 고개를 끄덕거렸어요. 그동안 에이다는 배비지와 교류하며 해석 기관을 설계하고 연구하는 과정을 지켜보았어요. 에이다는 배비지와 마찬가지로 해석 기관에 대해 잘 알고 있었고 해석 기관의 무궁무진한 가능성을 믿었죠.

어린 시절부터 프랑스어를 공부했던 에이다는 메나브레의 『해석 기관 개요』를 번역했어요. 무려 9개월간 번역하고 주석을 다는 작업에 매달렸죠. 그 결과 에이다는 본문의 세 배에 달하는 주석을 썼어요. 완전히 새로운 한 권의 책이 완성된 것이었죠.

배비지는 에이다가 쓴 번역본을 보고 감탄을 쏟아 냈어요. 배비지가 감격하는 건 당연했어요. 에이다의 번역본은 완벽을 넘어서 배비지의 해석 기관을 새롭게 빛내 주었으니까요.

에이다는 1843년, 드디어 논문 번역본인 「배비지의 해석 기관에 대한 분석」을 완성했어요. 번역본은 『테일러의 과학 회고록』에 실렸는데 무려 65면에 달했죠.

메나브레가 논문을 통해 해석 기관에 대해 깔끔하게 정리했다면, 에이다는 주석을 통해 해석 기관에 대해 자세히 설명하고 또 해석 기관이 할 수 있는 다양한 작업까지 제시한 셈이었어요.

 상상의 실마리

에이다가 쓴 「배비지의 해석 기관에 대한 분석」에는 컴퓨터를 조작하는 데 필요한 '최초 컴퓨터 프로그래밍의 개념'이 담겨 있어요. 에이다는 가정 교사 드모르간에게 기호 논리학을 배웠어요. 그래서 해석 기관에 기호 논리학의 개념을 적용시켰어요.

에이다가 쓴 주석 마지막 부분에 해석 기관으로 베르누이수(Bernoulli numbers, 거듭제곱수의 합 등 다양한 공식에 등장하는 유리수 수열)를 계산하기 위해 천공 카드에 입력하고 결과를 도출하는 방식을 정리해서 기록했죠. 이 부분이 바로 오늘날 프로그래밍의 기원으로 인정받는 부분이에요.

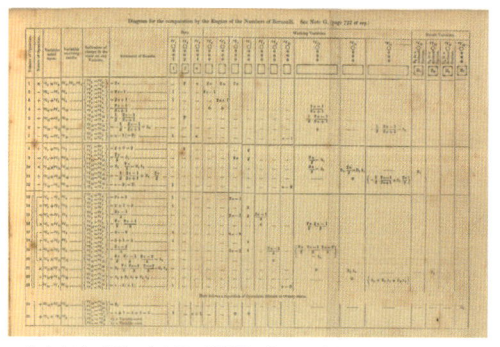
에이다의 해석 기관을 사용한 베르누이수
알고리즘 도표, 1843

'루프'(loop, 프로그램에서 어떤 조건이 만족되는 동안 혹은 종료 조건이 성립될 때까지 반복 실행되는 명령), '점프'(jump, 필요 없는 과정을 건너뛰어 실행하라는 명령), '조건문'(if-then, 하드웨어와 소프트웨어의 분리, 범용 컴퓨터의 개념) 같은 제어문이 바로 그것이죠. 에이다가 처음 생각해 내고 제시한 이 언어들은 오늘날 우리가 사용하는 모든 컴퓨터 프로그램 언어의 기본이 되었답니다.

에이다의 주석을 통해 많은 사람들은 해석 기관을 보다 잘 이해할 수 있게 됐어요.

"규칙에 따라 기호를 조작하다 보면, 단순한 계산을 넘어서 어떤 종류의 정보든 자동화된 과정을 통해 처리할 수 있어요. 음악을 만들거나 그림을 그리는 등의 활동을 할 수 있죠!"

에이다가 설명한 해석 기관에 대한 내용은 오늘날 우리가 생각하는 '컴퓨터 과학의 본질'과 같았어요.

에이다는 하드웨어와 소프트웨어를 분리한 개념과 무엇보다도 해석 기관이 단순히 수를 계산하는 것을 넘어서 다양한 종류의 정보를 처리할 수 있다는 가능성까지 설명했어요.

"배비지, 해석 기관은 수학의 경계를 넘어서는 대단한 발명품이에요! 기계 장치를 결합해서 규칙에 따라 조작하다 보면 숫자뿐만 아니라 다양하고 무한한 범위까지 영역을 확장할 수 있을 거예요. 음악과 언어, 사진 등 세상에 있는 모든 것을 분석하고 창조할 거예요. 해석 기관은 정말 감탄할 만한 작품이에요!"

"당신이야말로 감탄할 만한 사람이오. 나는 계산하는 기계로만 생각했는데 에이다 당신이 해석 기관을 더 큰 영역으로 이끌고 있군요."

배비지는 해석 기관을 수를 계산하는 기계로만 언급했는데, 에이다가 가진 상상력이 더해지며 해석 기관은 무궁무진한 생명력을 얻게 된 거죠.

19세기 현대 컴퓨터 프로그래밍의 기초가 되는 개념을 에이다가 최초로 설명한 거예요. 더 나아가 에이다는 배비지가 생각도 못했던 해석 기관의 미래, 즉 오늘날 우리가 쓰는 컴퓨터에 대한 가능성까지 상상하고 내다보았죠.

"에이다 당신은 해석 기관에 대해 정말 감탄할 만한 철학적 관점을 가지고 있어요. 당신의 주석을 읽고 있으면 점점 놀라게 되고, 숭고한 금속(해석 기관)에 있는 매우 풍부한 광맥(가능성)을 더 일찍 탐구하지 않은 걸 후회하게 돼요."

배비지는 편지에 이렇게 표현하기도 했어요.

무에서 유를 창조한 에이다의 상상력

에이다가 해석 기관을 통해 상상해 낸 오늘날의 컴퓨터 프로그래밍 개념은 모두 풍부한 상상력에서 나온 거예요.

왜냐하면 당시 해석 기관을 만들기 위해서는 큰돈이 필요했어요. 하지만 배비지는 국가에서 제대로 된 지원을 받지 못했기 때문에 해석 기관은 일부만 만들어졌을 뿐, 완벽한 형체를 가지고 있지 않았어요.

그림에도 불구하고 에이나는 설계도와 기계 일부만 보고 그 기계가 할 수 있는 무한한 가능성을 상상해 낸 거죠.

해석 기관이 완성되기는커녕 컴퓨터가 발명되기 100년 전, 에이다는 이미 호기심과 상상력을 통해 컴퓨터가 미래에 할 수 있는 무한한 가능성을 상상했고 그것을 자신이 가진 능력을 통해 증명해 낸 거예요.

 **상상의 해결**

에이다의 상상력이 더해진 해석 기관은 무엇을 할 수 있었을까? 에이다는 주석문에서 '해석 기관'은 명령문을 입력하는 방식을 통해 복잡한 문제를 해결한다는 점에서 기존의 계산 기계와는 다르다고 설명했어요. 무엇보다 해석 기관이 더욱 다양한 목적을 위해 활용될 수 있는 여러 가능성들을 제시했죠.

해석 기관을 발명한 배비지조차도 단순히 계산이나 수치를 처리하는 장치로만 이해했는데 말이죠. 에이다는 해석 기관이 음악적 요소들을 처리할 수 있는 형태로 변환된다면 작곡과 같은 창작 활동도 가능하다고 생각했어요. 에이다의 상상력이 더해지며 해석 기관은 새로운 생명을 얻은 거예요.

상상력이 남긴 미래의 유산

"내 머릿속에는 지금도 수많은 생각들이 떠올라요. 정말 근사한 기계와 멋진 장치들을 만들 수 있을 것 같아요!"

에이다는 해석 기관의 번역본을 쓴 이후에도 열정적으로 연구하고 공부했어요. 하지만 안타깝게도 「배비지의 해석 기관에 대한 분석」 외에는 결과물을 남기지 못했어요. 몇 년 후인 서른여섯 살에 암으로 사망했기 때문이죠.

에이다는 떠났지만 후세의 많은 과학자가 에이다의 번역본을 발전시켰어요.

에이다가 해석 기관이 계산을 벗어나 다양한 활동을 처리할 수 있다고 제안한 지 100년이 흐르고 앨런 튜링(Alan Mathison Turing, 1912~1954)이라는 영국의 수학자가 등장했죠.

앨런 튜링

튜링은 에이다가 짠 최초의 프로그램이 지닌 가치에 주목했죠. '읽고' '쓰고' '저장하고' '이동하는' 등 에이다의 글에서 힌트를 얻어 미래의 컴퓨터는 스스로 생각하는 인공 지능으로 진화할 거라고 예언했어요.

앨런 튜링이 진공관을 이용하여 '콜로서스(Colossus)'라 불리는 암호 해독용 기계를 만들어 1943년 12월에 가동했는데, 이를 세계 최초의 연산 컴퓨터로 보기도 해

요. 그래서 앨런 튜링을 현대 컴퓨터 과학의 아버지라 부르죠.

1944년 하버드 대학 교수인 에이컨이 IBM사의 후원을 얻어 우리가 최초의 컴퓨터라 부르는 'MARK-1'을 제작했어요.

배비지의 해석 기관과 에이다의 프로그래밍 개념은

오늘날 컴퓨터가 상용되는 데 아주 중요한 씨앗이 된 거죠.

  1975년 미국 국방성은 서로 난립하는 컴퓨터 프로그래밍 언어들을 통합한 뒤, 이 언어에 '에이다'라는 이름을 붙였어요. 그리고 1980년 12월 10일 에이다의 생일을 기념해 '에이다' 언어에 대한 참조 설명서를 승인했어요.

현재에도 정확함과 정밀함을 요구하는 항공 제어나 의료 장비 등의 프로그램에는 '에이다'가 활발하게 쓰이고 있답니다.

영국 컴퓨터 협회는 매년 에이다의 이름으로 컴퓨터 공학의 발전에 큰 도움을 준 사람에게 메달을 수여해요.

에이다는 비록 젊은 나이에 생을 마감했지만 에이다가 남긴 상상력과 수학적 언어의 씨앗들이 후세에 전해져 멋지게 꽃을 피우게 된 거예요.

에이다 러브레이스의 생애

1815년 12월 10일, 영국 런던에서 출생

1824년 아버지 바이런 사망

1829년 홍역에 걸려 병상에서 3년간 지냄

1833년 천재 과학자 찰스 배비지와 만남

1835년 윌리엄 킹 남작과 결혼하며 러브레이스 남작 부인이 됨

1838년 남편이 백작이 되면서 러브레이스 백작 부인이 됨

1843년 「배비지의 해석 기관에 대한 분석」 발표

1852년 11월 27일, 영국 런던에서 자궁암으로 사망
        소원대로 아버지 바이런의 무덤 곁에 묻힘

1977년 미국 국방성에서 컴퓨터 언어를 '에이다'로 통합

1980년 12월 10일, 미국 국방성에서 에이다의 생일을 기념해
        '에이다 프로그래밍 언어 1815' 참조 설명서 승인

2012년 12월 10일, 구글에서 에이다를 모델로 한 구글 두들 헌정